子どもの手芸 ここまでできる！ すご～いラブあみ

著 寺西 恵里子
Eriko Teranishi

CONTENTS

❹ はじめに・・・

❻ ラブあみ

❼ 逆引きインデックス

とってもカンタン！
❽ まん丸ねずみ

まん丸ねずみをアレンジ!!
⑫ コロコロうさぎ

中身はスポンジ！
⑭ フルーツのたわし

ふんわりかわいい!!
⑱ お花のシュシュ

すぐできる！
⑳ 帽子いろいろ

まっすぐ編むのが楽しい！
㉖ マフラーいろいろ

● 「ラブあみ」は株式会社アガツマの登録商標です。

カンタンにできておしゃれな
㉚ スヌードいろいろ

あったかくて便利！
㉜ ニット小物

洋服だって編める！
㊱ カンタンベスト

お外に着ていこう！
㊵ セーター＆ケープ

パーツを編んでつなげて！
㊹ おともだちベア

ボディがかわいい
㊾ ねこ・うさぎ・いぬ

すぐできる！
㊴ ニット＆ビーズのブレスレット

はじめて作るバッグ！
㊶ まっすぐポシェット

イニシャル入りの
㊸ クッション

● この本の「ラブあみ」は株式会社アガツマ
「糸」はハマナカ株式会社のものを使用しています。

はじめに・・・

1本の糸を編んでいくだけで
マフラーになったり…
お人形になったり…
編みものって、すごいなって思います。

そんな編みものが
カンタンにできるラブあみは
とってもチャーミング！

はじめてでも大丈夫です。
まっすぐ編むのから
はじめてみませんか。

できたら……
身につけてみてください。
自分で作ったマフラー！

できたら……
お友だちにしてあげてください。
自分で作ったあみぐるみ！

編みものの魅力
ラブあみで知ってもらえたら……

小さな作品に
大きな願いを込めて……

寺西恵里子

カンタンに
短時間でできるものからチャレンジ！

P.56

P.8

P.14

プレゼントにもぴったり！

P.12

小さくて
まっすぐ編むだけ！

編んでちょっとひと手間で
かわいいマスコットが！

時間は少しかかるけど
まっすぐ編むだけ！

P.27

肩と脇を
縫い合わすだけ！

P.20

P.36

自分で編んだものが
身につけられるのが
魅力です！

複雑そうに見えるけど
意外とカンタン！

P.44

ぜひ、ひとつ
作ってみてください！！

他にも
いろいろなものが作れます！

P.30　P.54

丸く編んだのと、
細長く編んだのを
組み合わせるだけでカンタン！

P.50

P.18

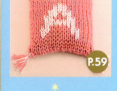
P.59

P.32

カンタンに作れるものばかりです。
いろいろ作ってみましょう。

ラブあみ

はじめてでも大丈夫！
とってもカンタンに編めます。

パーツの種類はこれだけ！

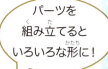
パーツを組み立てるといろいろな形に！

長方形13ピン平編み

帽子やマフラーにぴったりなサイズ！

長方形17ピン平編み

ベストやセーター、クッションが作れます！

円形タイプ24ピン輪編み

お人形の頭やボディは円形で！

長方形16ピン輪編み

小さなあみぐるみはこれで！

正方形8ピンリリアン輪編み

お人形の手足にちょうどいいサイズ！

正方形4ピンリリアン輪編み

細いのでお花も作れます！

逆引きインデックス

基本の長方形平編みの編み方
糸のかけ方・・・・・・・・・・・P.21
編み方・・・・・・・・・・・・・P.22
編み終わりの始末・・・・・・・・P.22-23

基本の長方形輪編みの編み方
糸のかけ方・・・・・・・・・・・P.9
編み方・・・・・・・・・・・・・P.9
編み終わりのあみぐるみタイプの始末・・・P.9-10

基本の円形輪編みの編み方
糸のかけ方・・・・・・・・・・・P.46
編み方・・・・・・・・・・・・・P.46
編み終わりの始末・・・・・・・・P.46

基本の正方形リリアン輪編みの編み方
　　　　　　　　　　　　　　　4ピン　8ピン
糸のかけ方・・・・・・・・・P.10　P.63
編み方・・・・・・・・・・・P.10　P.63
編み終わりの始末・・・・・P.10-11　P.63

糸を替える方法・・・・P.49　　巻きかがり・・・・・・P.23
　　　　　　　　　　　　　　すくいとじ・・・・・・P.34

- ♥ ポンポンの作り方・・P.24
- ♥ タッセルの作り方・・・P.25
- ♥ フリルの作り方・・・P.28-29/P.39
- ♥ 花の作り方・・・・・P.34/P.43
- ♥ ふさの作り方・・・・P.49
- ♥ 三つ編みの仕方・・・P.57
- ♥ 刺しゅうの仕方・・・P.60

とってもカンタン!! まん丸ねずみ

小さなルームで輪編みします。たくさん作って、お友だちにもプレゼントしましょう！

ひもをつけて、ぶら下げてもいいですね。

ブルー・黄・濃い黄・濃いピンクのねずみの材料 ●●● P.13

ピンクのまん丸ねずみの作り方

材料

[ハマナカ アメリー]
ピンク(7) 10g
[ハマナカ ボニー]
こげ茶(419) 適量
化繊綿 適量

できあがりサイズ
直径6cm 高さ7cm

用具

[ラブあみ]
長方形タイプ
正方形タイプ
編み針　とじ針

長方形(16ピン)輪編みのルームの作り方

1. クローバーマーク✤のある方を内側にして、パーツA2個の間にパーツB・Cを各1本ずつ入れて、組み立てます。
2. ピンの凸と、パーツの穴の凹を合わせて、ピンをさします。

基本の長方形(16ピン)輪編みの編み方

ボディ 1 糸をかけます。

1 シールを真ん中に貼ります。編み始めの印になります。

2 真ん中に糸端を入れます。糸は2本どりです。
※2本どりは、糸2本合わせのことです。

3 シールのついているピンから、1つおきに前・後ろと交互に糸をかけます。

4 ぐるっと1周します。

2 編みます。

1 ピンに糸を1周かけます。

2 はじめに糸をかけたピン(★)を編みます。下の糸(2本)を編み針ですくいます。

3 そのまま、下の糸をピンの向こう側に持っていきます。

4 ピンからはずし、1目編めました。

5 次のピンは糸が1本(2本)なので編みません。その次の2本(4本)かかっているピンを編みます。

6 2本(4本)かかっているピンだけ編んで1周します。

7 次の段からは、全部のピンを編みます。7cm編んだら、糸を10cm残して切ります。

3 編み終わりの始末をします。

1 とじ針に別糸を通し、はじめのピンにかかっている糸の下から上に針を入れます。

9

4 ボディを作ります。

2 次のピンも同じようにして1周したら、ピンから糸をはずします。

3 はずしたところです。

1 裏返して、編み終わりに通した糸をしぼって結びます。

2 表に返して、編み始めの1段にぐるっと別糸を通します。

3 綿を入れます。

4 ❷の糸をしぼって結びます。

5 糸端をとじ針に通し、ボディの中に通して、余分を切ります。

6 ボディができました。

基本の正方形（4ピン）リリアン輪編みの編み方
（四隅のピンをはずしてもいいです）

5 糸をかけます。 [耳]

1 真ん中に糸端を入れます。糸は2本どりです。

2 下のピン（★）、上のピン（♥）の順に糸をかけます。

3 写真のように、4つのピンに糸をかけます。

6 編みます。

1 はじめに糸をかけたピン（★）を編みます。下の糸を編み針ですくいます。

2 そのまま、下の糸をピンの向こう側に持っていきます。

3 （♥）も同じように編みます。

4 次の段からは、❺❸のように糸をかけ、全部のピンを編みます。4㎝編みます。

7 編み終わりの始末をします。

1 糸端を15㎝残して切り、とじ針に通します。

2 ピンにかかっている糸の下から上に通し、1周します。

3 ピンから糸をはずします。

4 両端の糸を結びます。2個作ります。

8 ボディに耳をつけます。

1 7.4の糸端をとじ針に通し、ボディの中心から7段めを1目縫います。

2 糸端同士を結び、糸端は編み目の中に入れ、余分を切ります。2目はなして、反対側もつけます。

しっぽ・目・鼻
9 ボディにしっぽをつけます。

1 糸3本をとじ針に通し、ボディのしぼった中心に通します。

2 2本ずつに分け、右の糸を真ん中に持ってきます。

3 左の糸を真ん中に持ってきます。

4 2、3をくり返して三つ編みし、4cm編みます。

5 端をひと結びし、余分を切ります。

10 目・鼻をつけます。

1 別糸をとじ針に通し、しっぽと反対側の中心の横から出します。

2 ボディのしぼったところの上に、鼻を2針刺しゅうします。

3 2目横から針を出します。

4 上に1.5段分、目を2針ずつ刺しゅうします。

5 反対側の目も同様に刺しゅうします。

6 できあがりです。

作ってね！

まん丸ねずみをアレンジ!!
コロコロうさぎ

ふんわりかわいいうさぎも
ラブあみでカンタンに作れます。
たくさん作りましょう!

白いコロコロうさぎの作り方

材料
[ハマナカ マナちゃんといっしょ!ララ]
白(1) 18g
[ハマナカ ボニー]
こげ茶(419) 適量
化繊綿 適量

用具
[ラブあみ] 長方形タイプ
　　　　　正方形タイプ
編み針　とじ針

できあがりサイズ
幅6cm 高さ8cm 奥行き11cm

1 ボディを作ります。

1 長方形16ピン輪編みで、9cm編みます。（詳しい編み方はP.9）

2 綿を入れ、端をしぼります。（詳しい作り方はP.10）

2 耳・しっぽを作ります。

1 正方形4ピンリリアン輪編みで、8cmを2個、5cmを1個編みます。（詳しい編み方はP.10）

2 長い方の両端の糸を結びます。

3 糸端の1本をとじ針に通し、輪の端を巻きかがりします。

4 上までいったら、糸端を先へ戻します。

5 耳ができました。2個作ります。

6 ボディのしぼった端から7段めのところへ、耳を縫いつけ、1目あけて、もう片方の耳をつけます。

7 ①の短い方の両端の糸を結びます。ボディのしぼった端へ縫いつけます。

8 顔を刺しゅうして、できあがりです。（詳しい刺しゅうの仕方はP.11）

他のコロコロうさぎの材料

[ハマナカ マナちゃんといっしょ!ララ]

 ピンク(3) 20g

 紫(4) 20g

 薄茶(2) 20g

ブルー(9) 20g

共通: [ハマナカ ボニー]
こげ茶(419) 適量
化繊綿 適量

P.8 他のまん丸ねずみの材料

[ハマナカ アメリー]

 濃い黄(31) 8g

 濃いピンク(32) 8g

 ブルー(29) 8g

 黄(25) 8g

共通: [ハマナカ ボニー]
こげ茶(419) 適量
化繊綿 適量

中身はスポンジ！
フルーツのたわし

かわいいフルーツのたわしです！
中にはスポンジが入っています。
食器洗いが楽しくなりますね。

洋なし・バナナの作り方 ●●● P.16　みかんの作り方 ●●● P.17

フルーツのたわしは
洗剤を使わなくても
汚れが取れるたわしです！

乾燥が早くて
抗菌防臭加工もされていて
たわしにぴったりな糸です。

水だけで洗える不思議なたわしです！

青いりんごの作り方

材料
[ハマナカ ボニー]
きみどり(476) 8g
茶(480) 適量
スポンジ 適量

用具
[ラブあみ] 長方形タイプ
編み針　とじ針

できあがりサイズ
直径6.5cm 高さ8cm

1 本体を編みます。

長方形 **16ピン** 輪編みで、7cm編みます。（詳しい編み方はP.9）

端の始末をし、ピンからはずします。（詳しいやり方はP.9-10）

2 形にします。

1 スポンジを2cm幅に切ります。

2 1を2cm角に切ります。

3 本体の片方の端をしぼり（詳しい作り方はP.10）、スポンジを入れます。

4 反対側の端もしぼります。

3 茎を作ります。

1 別糸3本をとじ針に通し、本体のしぼった端に通します。

2 2本ずつに分け、三つ編みします。（三つ編みの仕方はP.11）

3 2.5cm編み、端を結びます。

4 余分を切ります。

5 できあがりです。

P.14 赤いりんごの材料

[ハマナカ ボニー]
赤(429) 7g　茶(480) 適量
スポンジ 適量

P.14 洋なしの作り方

できあがりサイズ
幅6.5cm 高さ9.5cm

材料

[ハマナカ ボニー]
エメラルドグリーン(498) 10g
茶(480) 適量
スポンジ 適量

用具

[ラブあみ] 長方形タイプ
編み針　とじ針

1 長方形 16ピン 輪編みで、10cm編んで本体を作り、茎をつけます。（作り方はりんごと同じ）

2 別糸をとじ針に通し、上の端から4cmのところを写真のように1本おきに縫います。

3 2の糸をしぼって結び、できあがりです。

ミクロの繊維が汚れを落とします。

P.14 バナナの作り方

材料

[ハマナカ ボニー]
黄(416) 8g
スポンジ 適量

用具

[ラブあみ] 正方形タイプ
編み針　とじ針

できあがりサイズ
幅8.5cm 高さ9.5cm 奥行き2cm

1 正方形 8ピン リリアン輪編みで、8cmを3本と（詳しい編み方はP.63）、正方形 4ピン リリアン輪編みで、5cmを1本編みます。（詳しい編み方はP.10）

2 1.5cm角に切ったスポンジを入れて、とじます。

3 別糸をとじ針に通し、本体の端を1針縫います。

4 もう1つの本体と、交互に縫います。

5 途中まで縫います。

6 同様に、もう1つの本体をつなげます。

5 続けて、へたを1針縫います。

6 本体とへたを交互に縫って、つなげます。

7 できあがりです。

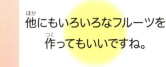
他にもいろいろなフルーツを作ってもいいですね。

P.14 みかんの作り方

材料
[ハマナカ ボニー]
オレンジ(434) 6g
きみどり(476) 適量
スポンジ 適量

用具
[ラブあみ] 長方形タイプ
編み針　とじ針

できあがりサイズ
幅6cm 高さ4cm

1 長方形16ピン輪編みで、6cm編んで本体を作ります。(詳しい作り方はP.9)

2 別糸をとじ針に通し、本体のしぼった端から端へ通します。

3 折り返して、反対側へ通します。

4 糸を引っ張り、本体をくぼませます。

5 糸端同士を結んで余分を切ります。

6 できあがりです。

ふんわりかわいい!!
お花のシュシュ

ふんわり編んだシュシュに
かわいいお花をつけて!
好きな色で作りましょう。

ピンクのシュシュの作り方

できあがりサイズ
直径13cm

材 料
[ハマナカ アメリー]
ピンク(32) 7g 白(20) 適量
丸ゴム ピンク 22cm
プラビーズ直径1cm ピンク 1個

用 具
[ラブあみ] 長方形タイプ
編み針 とじ針

1 糸をかけます。

① 真ん中に糸端を入れ、1つおきに前・後ろと交互に糸をかけます。

② 長方形16ピンから、1本ずつ交互にピンを外します。全てのピンに糸を1周かけます。

2 シュシュ本体を編みます。

① はじめに糸をかけたピンを編みます。

② 2本かかっているピンだけ編んで1周します。

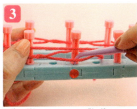

③ 次の段からは、全部のピンを編みます。

④ 35cm編んだら、糸の始末をしてピンからはずし、丸ゴムを中に通します。（編み終わりの糸の始末はP.9-10）

3 輪にします。

① 丸ゴムの端と端を結びます。

② 結んだところを編み地の中に隠します。

③ 本体の編み始めと編み終わりの糸をしぼり、結びます。

④ 本体のできあがりです。

4 花をつけます。

① 正方形 4ピン リリアン輪編みで、30cm編み、花を作ります。（詳しい花の作り方はP.43）

② 花の糸端をとじ針に通し、本体の結び目部分に縫いつけます。

③ できあがりです。

ブルーのシュシュの材料

[ハマナカ アメリー]
ブルー(15) 7g 白(20) 適量
丸ゴム ブルー 22cm
プラビーズ直径1cm ブルー 1個

すぐできる！
帽子いろいろ

20cmくらいを2枚編んで縫い合わすだけでできます！
ポンポンやタッセルがアクセント。

クマさんの帽子の作り方 ●●● P.24　タッセルの帽子の作り方 ●●● P.25

赤い帽子の作り方

材料
[ハマナカ マナちゃんといっしょ!ララ]
赤(11) 65g 白(1) 25g

できあがりサイズ
幅20cm 高さ20cm

用具
[ラブあみ]
長方形タイプ
ポンポンメイク(大)
編み針 とじ針

折り返してかぶってもいいですね。

基本の長方形(13ピン)平編みの編み方

1 輪を作ります。

1 糸を輪にして、指を入れます。

2 左の糸をつまみます。

3 そのまま引き出します。

4 引きしめて、輪ができました。

2 はじめの糸かけをします。

1 ルームの左側の真ん中に輪をかけます。

2 下のピン(★)に、右から糸を1回転してかけます。

3 上のピン(♥)に、右から糸を1回転してかけます。

4 くり返し、糸を8の字にかけます。

5 上下それぞれ13ピンかけます。

6 糸を、押し下げます。

7 糸をねじらないで、下・上と、写真のようにかけます。

8 左側に向かってくり返して、(★)までかけます。

21

3 編みます。

最後に糸をかけたピン（★）から編みます。下の糸を編み針ですくいます。

そのまま、下の糸をピンの向こう側に持っていきます。

ピンからはずし、1目編めました。

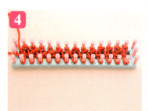
1〜3をくり返し、ぐるっと1周編みます。

4 2段め以降を編みます。

糸を下の段と同じように上・下と、右側に向かってかけます。

> 糸をかける
> ↓
> 最後の1目を編む
> ↓
> 1周編む

はじめにかけた糸（2❶）は、途中ではずします。

くり返して、20cm編みます。

5 編み終わりの始末をします。

編み糸のついていない方の上のピンから糸をはずします。

下のピンにかけます。

2でかけた糸を指で引っぱり、その中に編み針を入れ、ピンにかかった糸をすくいます。

針を引き上げ、糸を2本ともピンからはずします。

針にかかった糸を、上のピンにかけます。

ピンにかかっていた糸をすくいます。

針を引き上げ、糸を2本ともピンからはずします。

最後の1目まで、3〜7をくり返します。

6 糸端の始末をします。

1
糸を端から35cmくらいで切ります。針にかかった輪を引っぱり、糸端を出します。

2
同じものを2枚作ります。

7 本体の脇を縫います。

1
6 1で残しておいた糸にとじ針を通します。

2
2枚を重ね、端の1目ずつに針を入れます。

3
糸を引っぱり、くり返して、巻きかがりで縫い合わせます。

4
端まで縫います。

5
4～5段、編み目に糸を通します。

6
余分な糸を切ります。

※ 2・3の縫い方を **巻きかがり** といいます。

7
反対側も同じように縫い合わせます。

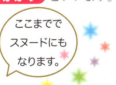
ここまででスヌードにもなります。

8 帽子の上を縫います。

1
別糸をとじ針に通し、一番上の段を、写真のように1目おきに縫います。

2
ぐるっと1周します。

3
ぎゅっとしぼり、写真のように糸を2回転させて結びます。

4
もう一度、しっかり結びます。

5
糸をとじ針に通し、糸端を内側に入れます。

6
帽子のできあがりです。

基本のポンポンの作り方

9 ポンポンを作ります。

1 ポンポンメイク（大）の端に糸を合わせて指で押さえます。

2 ぐるぐると糸を巻きつけます。

3 120回巻きます。

4 中心の切り込みに糸を通し、図のように2回転させて中央で結びます。

5 もう一度、しっかり結びます。

6 両端を切ります。

7 ポンポンメイク（大）からはずします。

8 直径7cmに丸く切ります。
※結んだ糸は、残しておきます。

9 ポンポンのできあがりです。

10 ポンポンをつけます。

1 ポンポンの結び糸をとじ針に通し、本体の中心に2本を編み目をまたいで通します。

2 裏でしっかり結びます。

3 表に返して、できあがりです。

P.20 クマさん帽子の作り方

できあがりサイズ
幅20cm 高さ20cm

材料
[ハマナカ ジャンボニー]
紫(17) 150g

用具
[ラブあみ]
長方形タイプ

ポンポンメイク（大）
編み針　とじ針

1 長方形 13ピン 平編みで、20cmを2枚編みます。
（詳しい編み方はP.21-23）

2 2枚を縫い合わせ、上をとじます。（作り方はP.23と同じ）

3 ポンポンメイク(大)でポンポンを作ります。(作り方はP.24と同じで100回巻き)

4 直径8.5cmに丸く切ります。2個作ります。

5 結び糸をとじ針に通し、上から8cmに通します。

6 裏側でしっかり結びます。

7 反対側も同じようにつけて、表に返して、できあがりです。

P.20 タッセルの帽子の作り方

材料
[ハマナカ パッケ]
オレンジ(4) 75g

用具
[ラブあみ]
長方形タイプ
編み針　とじ針

できあがりサイズ
幅22cm 高さ17cm

1 長方形13ピン 平編みで、18cmを2枚編みます。(詳しい編み方はP.21-23)

2 2枚の脇を縫い合わせます。(作り方はP.23と同じ)

3 上の端を巻きかがりで縫い合わせます。

4 200cmを3回折り、真ん中を別糸で結びます。

5 真ん中で折り、上から1.5cmのところを別糸で結びます。

※ **4-6** タッセルの作り方 です。

6 上から10cmのところで切ります。2個作ります。

7 真ん中の結び糸をとじ針に通し、本体の角に通します。

8 裏側でしっかり結びます。

9 反対側も同じようにつけて、表に返して、できあがりです。

まっすぐ編むのが楽しい！
マフラーいろいろ

どんどん長くなるのが楽しい
マフラーです。
アレンジも楽しんで！

フリルマフラー
幅広く編んだものを
編み込んでいます。

作り方 P.28

ポンポンマフラー

先にポンポンをつけただけで
とってもキュート！

作り方 P.29

ふさつきマフラー

ブルーと白の組み合わせが
さわやかなマフラーです。

作り方 P.49

P.26 フリルマフラーの作り方

材料
[ハマナカ]
マナちゃんといっしょ!ララ
ピンク(3) 95g
紫(4)・白(1) 各10g

用具
[ラブあみ]
長方形タイプ
編み針　とじ針

できあがりサイズ
幅11cm 長さ110cm

1 フリルを編みます。

1
長方形 16ピン 平編みで、4段編みます。(詳しい編み方はP.21)

2
上のピンの糸を下にかけます。

3
2本を左のピンにかけます。同じように1本おきに左のピンにかけて、8ピンにします。

4
とじ針に別糸を通し、はじめのピンにかかっている糸の下から上に針を入れます。

5
全ての糸に別糸を通したら、ピンから糸をはずします。同じものを紫でもう1枚、白で2枚作ります。

2 フリルをつけます。

1
長方形のルームの間の下から入れます。

2
前のピンに、2 1 から4目ずつかけ、別糸を引きぬきます。

3
別糸で8ピンに糸かけをします。(詳しい糸かけはP.21)

4
そのまま編みます。前のピンは、ピンにかかっている5本の糸をピンの向こう側に持っていきます。

5
1段編めたところです。

6
ピンクを4段編みます。

3 もう1枚のフリルをつけます。

1
下のピンにかかっている糸を上のピンにかけます。

2
白で編んだフリルを、ルームの間の下から入れます。

3
下のピンに、3 2 から4目ずつかけ、別糸を引きぬきます。

4
上のピンの糸を下にかけ戻します。

5
糸をかけ、そのまま編みます。（**2**〜**4**と同じに編みます）

6
1段編めたところです。

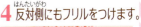
4 反対側にもフリルをつけます。

1
ピンクを95cm編みます。

2
紫のフリルをつけ、4段ピンクを編み、白いフリルをつけ、最後の始末をして、できあがりです。

P.27 ポンポンマフラーの作り方

できあがりサイズ
幅15cm 長さ110cm

材料
[ハマナカ アメリー]
ピンク(7) 95g
濃いピンク(32)・白(20) 各30g

用具
[ラブあみ]
長方形タイプ
ポンポンメイク(小)
編み針　とじ針

1
長方形**12ピン**平編みで、2本どりで100cm編みます。（詳しい編み方はP.21）

2
ポンポンメイク(小)で直径5cmのポンポンを作ります。（作り方はP.24と同じで2本どり100回巻き）

3
濃いピンク3個、白3個作ります。

4
ポンポンの糸をとじ針に通し、マフラーの端に通します。

5
もう片方の糸としっかり結びます。

6
糸にとじ針をつけ、ポンポンの中心にさして、糸を切ります。

7
マフラーの両端と中心に、色を交互につけます。

8
できあがりです。

カンタンにできておしゃれな
スヌードいろいろ

2枚編んで横を縫うだけ！
カンタンにできます。
洋服に合わせた色の毛糸で編んでも。

えりタイプのスヌード

ポンポンのスヌード

えりタイプのスヌードの作り方

材料
[ハマナカ ソノモノ スラブ超極太]
白(31) 60g
ボタン直径3㎝(赤) 2個

用具
[ラブあみ]
長方形タイプ
編み針　とじ針

できあがりサイズ
高さ12㎝　長さ45㎝

長方形 **13ピン** 平編みで、13㎝を2枚編みます。
(詳しい編み方はP.21-23)

2枚をすくいとじでつなぎます。

とじ針に別糸を通し、裏側の角から2㎝のところに糸に結びます。

その糸でボタンをつけます。

下も、下の角から2㎝のところにボタンをつけます。

できあがりです。

ポンポンのスヌードの作り方

材料
[ハマナカ パッケ] 赤(5) 75g
[ハマナカ オフコース!ビッグ] 白(101) 20g

用具
[ラブあみ]
長方形タイプ
ポンポンメイク(小)
編み針　とじ針

できあがりサイズ
高さ10㎝　長さ51㎝

長方形 **13ピン** 平編みで、20㎝を2枚編みます。
(詳しい編み方はP.21)

2枚の両端をすくいとじでつなぎます。

ポンポンを作ります。ポンポンメイク(小)で70回巻きます。(詳しい作り方はP.24)

直径4.5㎝に丸く切ります。2個作ります。

ポンポンをつけます。(詳しいつけ方はP.24)

2つに折って、できあがりです。

あったかくて便利！ニット小物

編んだものを丸く筒に仕上げて
レッグウォーマーやアームウォーマーに！
好きな色の毛糸で作りましょう。

ポンポンのレッグウォーマー

縄編みのレッグウォーマー

縄編みのレッグウォーマーの作り方 ●●● P.35

お花のアームウォーマー

作り方 P.34

親指の穴は、とじ合わせるときにあけます。

ポンポンのレッグウォーマーの作り方

材料

[ハマナカ
マナちゃんといっしょ!ララ]
ブルー(9)50g 白(1)適量

用具

[ラブあみ]
長方形タイプ
ポンポンメイク(小)
編み針 とじ針

できあがりサイズ
幅10.5cm 長さ24cm

1. 長方形13ピン平編みで、24cmを2枚編みます。（詳しい編み方はP.21）

2. 両端をすくいとじで縫い合わせます。

3. ポンポンを作ります。ポンポンメイク(小)で40回巻きます。（詳しい作り方はP.24）

4. 直径4cmに丸く切り、結んだ糸に2本の糸を結び、2本ずつで三つ編みします。

5. 三つ編みを17cm編み、ひと結びします。4個作ります。（三つ編みの仕方はP.57）

6. ポンポンの糸端にとじ針をつけ、縫い合わせた反対の上から2cmのところに通します。

7. 1目あけてもう1つのポンポンも通し、裏で結びます。

8. 表に返して、ひと結びし、リボン結びをします。2つ作って、できあがりです。

P.33 お花のアームウォーマーの作り方

材料
[ハマナカ オフコース!ビッグ]
赤(112) 50g
紺(119)・白(101) 各適量

用具
[ラブあみ]
長方形タイプ・正方形タイプ
編み針　とじ針

できあがりサイズ
幅10cm 長さ15cm

1 アームウォーマーを作ります。

長方形 **13ピン** 平編みで、15cmを2枚編みます。
(詳しい編み方はP.21-23)

編み終わりの糸をとじ針に通し、反対側の端に針を通します。

3 糸を引き、筒状にしたら、右側の横の糸に針を入れます。

4 反対側の横糸と交互にすくいとじし、9cmとじたら反対から3cm縫いとじます。

5 親指の穴が開き、アームウォーマーのできあがりです。2つ作ります。

※ **2**・**3**の縫い方を すくいとじ といいます。

2 花を作ります。

正方形 **8ピン** リリアン輪編みで、作ります。真ん中に糸を通します。

2 図のように糸をかけ、最後の糸(♥)は下に通します。

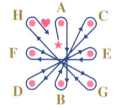

★ はじまり
♥ 終わり

3 別糸を下から出し、中心の糸の束をまたぐように反対に針を入れます。

4 対角線全てを刺します。

5 裏で糸を結びます。このとき、糸端も入れて結び、花のできあがりです。4個作ります。

3 花をつけます。

1 花の別糸にとじ針を通し、2本の糸を1目はさんで、裏に糸を通します。

2 裏返して結びます。

3 表に花を2か所つけてできあがりです。(もう1つは親指の穴の位置を反対にして、つけます)
3.5cm　7cm

P.32 縄編みのレッグウォーマーの作り方

材料

[ハマナカ]
マナちゃんといっしょ！ララ]
ピンク(3) 65g

用具

[ラブあみ]
長方形タイプ
編み針　とじ針

できあがりサイズ
幅10cm 長さ20cm

1
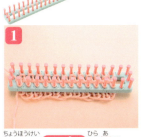
長方形12ピン平編みで、5段めまで編みます。
（詳しい編み方はP.21）

2

糸がかかっている右から5番めのピンの糸を取り、上のピンにかけます。

3

隣の6番めのピンの糸も、上のピンにかけます。

4

7番めの上のピンにかった糸を取ります。

5

5番めの下のピンにかけます。

6

8番めの上のピンにかった糸を6番めの下のピンにかけます。

7

上の5番めにかかった糸を取ります。

8

7番めの下のピンにかけます。

9

上の6番めにかかった糸を8番めの下のピンにかけます。

10

糸をかけます。

11

そのまま編みます。

12

交差すると縄のような柄ができます。

13

5段ごとに 2〜9 の糸かけをし、縄編みを2回編み、最後は5段編みます。

14

両端をすくいとじで合わせて、できあがりです。
2本作ります。

洋服だって編める！
カンタンベスト

肩と脇を縫い合わせるだけでカンタンに作れます。リボンやフリルをつけて！

リボンのベスト

まっすぐ編むだけで作れます！

作り方 P.38

フリルのベスト
えりぐりを開けるのも
カンタンにできます！

作り方 P.39

P.36 リボンのベストの作り方

材料
[ハマナカ パッケ]
ピンク(1) 230g

用具
[ラブあみ]
長方形タイプ
編み針 とじ針

できあがりサイズ
身幅30cm 丈40cm

1 ベストを作ります。

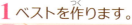

1 長方形 17ピン 平編みで、身頃を40cm編みます。2枚編みます。(詳しい編み方はP.21-23)

2 肩を巻きかがりで5cmかがります。

3 両肩を巻きかがり、表に返します。

4 脇を下から23cmすくいとじでとじます。

5 ベストができました。

2 リボンをつけます。

1 長方形 3ピン 平編みで、60cm編みます。(詳しい編み方はP.21-23)

2 リボンの形に結びます。

3 ベストの上から5cmのところにリボンを縫いつけます。

4 できあがりです。

P.37 フリルのベストの作り方

材料
[ハマナカ アメリー]
ブルー(15) 110g 青(11) 25g

用具
[ラブあみ]
長方形タイプ
編み針 とじ針

できあがりサイズ
身幅25cm 丈43cm

1 身頃を編みます。

1 前身頃を編みます。長方形 17ピン 平編みで、2本どりで図のように編みます。(詳しい編み方はP.21)

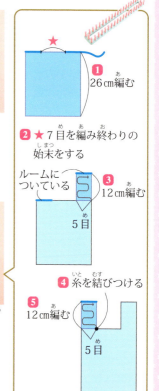

1 26cm編む

2 ★7目を編み終わりの始末をする

ルームについている

3 12cm編む

5目

4 糸を結びつける

5 12cm編む

5目

2 フリルを編み、つけます。

2 後ろ身頃を編みます。長方形 **17ピン** 平編みで、38cm編みます。

1 長方形 **17ピン** 平編みで、2本どりで5cm編みます。（詳しい編み方はP.21）4枚編みます。

2 2枚をすくいとじでつなぎます。

3 フリルの端に糸をつけ、とじ針で身頃に1針通します。

4 フリルを2目縫います。

5 身頃を1目縫います。

6 くり返し、最後まで縫います。

7 身頃にフリルがつきました。もう1枚の身頃にもフリルをつけます。

3 ベストにします。

1 両肩を巻きかがりで8.5cmかがります。

2 脇を下から19cmすくいとじでとじます。

3 ベストができました。

フリルの色でリボンを作ってもいいですね！

リボン 長方形 **3ピン** 平編みで50cm

お外に着ていこう！
セーター＆ケープ

まっすぐ編んだのをつなげただけ！
カンタンなのに豪華
チャレンジしてみてね！

お花のセーター

身頃2枚、袖2枚、
編むだけ！
つなげるのもカンタンです。

作り方 P.42

作り方 ●●● P.43

ポンポンケープ

まっすぐを3枚編んで、つなげて
ひもを通して、ポンポンをつけて！
長さは自由に調整できます。

P.40 お花のセーターの作り方

材料
[ハマナカ アメリー]
ピンク(7) 225g
濃いピンク(32)・白(20)各適量

用具
[ラブあみ]
長方形タイプ・正方形タイプ
編み針　とじ針

できあがりサイズ
身幅24cm　丈38cm
袖の長さ34cm

1 身頃と袖を編みます。

1 長方形 **17ピン** 平編み 2本どりで、身頃を38cmを2枚編みます。(詳しい編み方はP.21-23)

2 長方形 **17ピン** 平編み 2本どりで、袖を34cmを2枚編みます。

2 セーターを形にします。

1 肩を巻きかがりで4cmかがります。

2 その上に袖をのせ、中心を肩に合わせて巻きかがります。

3 袖がつきました。

4 セーターの形にし、袖下から脇を巻きかがります。

5 反対側も同じように巻きかがり、セーターができました。

3 花を作り、つけます。

1 正方形 **8ピン** リリアン輪編みで、花を5個作ります。(詳しい編み方はP.34)

2 花をえりぐりから4cmのところにつけます。(詳しいつけ方はP.34)

3 花がついて、できあがりです。

P.41 ポンポンケープの作り方

材料
[ハマナカ マナちゃんといっしょ!ララ]
ブルー(9) 220g　白(1) 20g

用具
[ラブあみ]
長方形タイプ
ポンポンメイク(小)
編み針　とじ針

できあがりサイズ
丈37cm

1 身頃を編みます。

1 長方形 **17ピン** 平編みで、37cm編みます。3枚編みます。(詳しい編み方はP.21-23)

2 3枚をすくいとじでつなげます。

2 ひもをつけます。

1
三つ編みで110cmのひもを編みます。（詳しい編み方はP.57）

2
ひもをとじ針に通し、上から6cmのところを3目おきに1目通します。

3
ひもが通せました。

4
ポンポンメイク（小）で直径5cmのポンポンを作ります。（作り方はP.24と同じで90回巻き）

5
ひもの先にポンポンをつけます。

6
できあがりです。

P.18 シュシュの花の作り方

材料
[ハマナカ アメリー]
白(20) 適量
プラビーズ直径1cm ピンク 1個

用具
[ラブあみ]
正方形タイプ
編み針　とじ針

できあがりサイズ
直径6cm

1
正方形 4ピン リリアン
輪編みで、30cm編みます。
（詳しい編み方はP.10-11）

2
編みはじめの糸にとじ針を通し、端から5cmのところに針を通します。

3
花びらができたら、反対に通します。

4
5cmのところに通します。
3、4をくり返します。

5
編みはじめの花びらに針を通して、形を整え、縫いとめます。

6
ビーズを糸に通します。

7
中心にビーズをつけます。

8
できあがりです。

パーツを編んでつなげて！
おともだちベア

あみぐるみだって
ラブあみならカンタンです。
好きな色で作りましょう！

ベージュのベア

ピンクのマフラーと帽子も
作ってあげましょう！

材料 P.48

ピンクのベア

ケープやバッグ
小物を作って、遊んでも！

作り方 ●●● P.46

P.45 ピンクのベアの作り方

できあがりサイズ
幅13cm 高さ29cm 奥行き7cm

材料
[ハマナカ マナちゃんといっしょ！ララ]
ピンク(3) 80g
[ハマナカ パッケ] 赤(5) 25g
[ハマナカ ボニー]
こげ茶(419) 適量
化繊綿 適量

用具
[ラブあみ]
円形タイプ
正方形タイプ・長方形タイプ
編み針　とじ針

基本の円形(24ピン)輪編みの編み方

1 糸をかけます。

編みはじめに、シールを貼ります。真ん中に糸端を入れ、はじめのピンに糸をかけます。

※ 1～6 までは編み方がわかりやすいように別糸を使用しています

1つおきに糸をかけます。

2 編みます。

3 ぐるっと1周します。

1 ピンに糸を1周かけ、はじめに糸をかけたピン(★)を編みます。下の糸を編み針で取ります。

2 そのまま、下の糸をピンの向こう側に持っていきます。

3 ピンからはずし、1目編めました。

4 次のピンは糸が1本なので、その次の2本かかっているピンを編みます。

5 2本かかっているピンだけ編んで1周します。

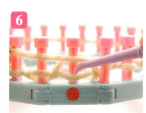
6 次の段からは全部のピンを編みます。

7 12cm編みます。

3 編み終わりの始末をします。

1 糸を切ります。

2 別糸で、ピンにかかっている糸に下から針を入れます。1周します。

3 ピンから糸を外します。

4 下も別糸をはじめの目に通します。

4 顔、ボディを作ります。

1
一方の別糸をしぼり、裏側で結んで、綿を入れます。（詳しい作り方はP.10）

2
しぼったところに凸凹がないようにしっかり詰めます。

3
反対側もしぼり、丸くし、糸端をボディの中に入れ、顔のできあがりです。

4
同じように、12cm編み、細長くし、ボディのできあがりです。

5 手足、耳を作ります。

[手足] 9cm 下を裏側でとじ、綿を入れ上をとじます。各2本ずつ
[耳] 3.5cm 綿は入れません。2個

正方形 8ピン リリアン 輪編みで、それぞれの長さに2本どりで編みます。
（詳しい編み方はP.63）

6 組み立てます。

1
パーツが全部そろいました。

2
ボディの糸にとじ針をつけ、頭を1針縫います。

3
ボディを1針縫います。

4
1周し、ボディと頭がつきました。

5
足の糸にとじ針をつけ、ボディを1針縫います。

6
両足がつきました。

7
手の糸にとじ針をつけ、ボディを1針縫います。

8
両手がつきました。

9 耳の下を巻きかがりで、縫い合わせます。

10 中心から2.5cm下に耳をつけます。

11 両耳がつきました。

5 目・鼻をつけます。

1 顔を刺しゅうします。（詳しい刺しゅうの仕方はP.11）

2 ベアができました。

6 マフラー、帽子を作ります。

1 長方形 **3ピン** 平編みで、40cm編みます。（詳しい編み方はP.21-23）

実物大の図案
※ピンクのベア、薄茶色のベア
P.50 白いねこ、P.51 ピンクのうさぎ、黄色いいぬ共通

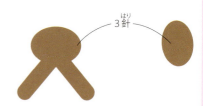

3針

2 下に3cmのふさをつけます。（詳しい作り方はP.49）

3 長方形 **16ピン** 輪編みで、帽子を7cm編みます。

4 編みはじめの糸を引っぱります。（糸端の始末はP.23）

5 端をくるっと巻き、帽子ができました。

6 ベアにつけて、できあがりです。

P.44 ベージュのベアの材料

材料

[ハマナカ マナちゃんといっしょ！ララ]
ベージュ(2) 80g
[ハマナカ パッケ] ピンク(1) 25g
[ハマナカ ボニー] こげ茶(419) 適量
化繊綿 適量

用具

[ラブあみ]
円形タイプ
正方形タイプ・長方形タイプ
編み針 とじ針

できあがりサイズ
幅13cm 高さ29cm 奥行き7cm

P.27 ふさつきマフラーの作り方

材料
[ハマナカ
マナちゃんといっしょ！ララ]
ブルー（9）100g　白（1）35g

用具
[ラブあみ]
長方形タイプ
編み針　とじ針　厚紙

できあがりサイズ
幅13cm　長さ130cm

1 マフラーを編みます。

1 長方形 **10ピン** 平編みで、ブルーで9cm編みます。
（詳しい編み方はP.21）

2 糸を10cmくらい残して切り、白と結びます。

3 結び目を中に入れて、糸替えをし、編みます。

4 白を4cm編みます。

5 ブルーを85cm、白4cm、ブルー9cm編み、マフラーのできあがりです。

2 ふさをつけます。

1 15cmの厚紙に白い毛糸を60回巻きます。

2 片方を切ります。

3 マフラーの端の目に編み針を通し、2つ折りにした毛糸3本を引っかけます。

4 そのまま引き抜きます。

5 針を取り、指を通し、毛糸6本の束を持ちます。

6 そのまま引き抜きます。

7 くり返し9本つけます。

8 長さを10cmに切りそろえます。

9 できあがりです。

ボディがかわいい
ねこ・うさぎ・いぬ

お洋服を着ているみたいなどうぶつたち
色だけでなく、耳やしっぽが違います。
3匹作ってあげましょう！

長いしっぽの
白いねこ

作り方 ●●● P.53

丸いしっぽの
ピンクのうさぎ

作り方 ●●● P.52

耳がポイント！
黄色いいぬ

作り方 ●●● P.52

後ろ姿が
かわいいね！

P.51 黄色いいぬの作り方

材料
[ハマナカ アメリー] 黄(25) 45g
[ハマナカ パッケ] オレンジ(4) 25g
[ハマナカ ボニー] こげ茶(419) 適量
化繊綿 適量

用具
[ラブあみ] 円形タイプ・正方形タイプ
編み針　とじ針

できあがりサイズ
幅16cm 高さ28cm 奥行き8.5cm

1 パーツを編み、組み立てます。

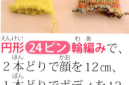

1 円形24ピン輪編みで、2本どりで顔を12cm、1本どりでボディを12cm編みます。(詳しい編み方はP.46)

2 [耳] 4cm 2個　[手足] 9cm 各2本　[しっぽ] 6cm 1個
正方形8ピンリリアン輪編みで、2本どりで、それぞれの長さに編みます。(詳しい編み方はP.63)

3 耳以外に綿を入れパーツを作ります。(詳しい作り方はP.47)耳は下を縫い合わせます。

4 ボディに頭、手足をつけます。(詳しい作り方はP.47)

5 耳を倒すようにして、縫い合わせた方を下にし縫いつけます。

6 両耳がつきました。

7 しっぽを後ろのしぼったところから4cm上のところにつけます。

8 しっぽがついたところです。

2 目・鼻をつけます。

1 顔を刺しゅうします。(詳しい刺しゅうの仕方はP.11、図案はP.48)

2 できあがりです。

P.51 ピンクのうさぎの作り方

材料
[ハマナカ アメリー] ピンク(7) 45g
[ハマナカ パッケ] 紫(5) 25g
[ハマナカ ボニー] こげ茶(419) 適量
化繊綿 適量

用具
[ラブあみ] 円形タイプ・正方形タイプ
編み針　とじ針

できあがりサイズ
幅16cm 高さ34cm 奥行き9cm

[耳] 7cm編み、綿を入れ、中心から2cmずつあけて縫いつけます。

[しっぽ] 4ピンで5cm編み、綿を入れないで編みはじめと編み終わりを結び、つけます。

P.50 白いねこの作り方

材料
- [ハマナカ アメリー] 白(20) 45g
- [ハマナカ パッケ] ピンク(1) 25g
- [ハマナカ ボニー] こげ茶(419) 適量
- 化繊綿 適量

用具
- [ラブあみ] 円形タイプ・正方形タイプ
- 編み針　とじ針

できあがりサイズ
幅16cm 高さ29cm 奥行き8.5cm

5cm

[耳] 2.5cm編み、先をとがらせるようにして、中心から2.5cmずつあけて縫いつけます。

[しっぽ] 4ピンで11cm編み、綿を入れないで、つけます。

P.56 小さなポシェットの作り方

材料
- [ハマナカ パッケ] ピンク(1) 25g
- [ハマナカ ジャンボニー] ピンク(8) 20g

用具
- [ラブあみ] 長方形タイプ
- 編み針　とじ針

できあがりサイズ
幅10cm 高さ13cm

編み方
長方形 7ピン 平編みで、
[パッケ] 25cm
[ジャンボニー] 7cm
編みます。

P.56 大きなポシェットの作り方

材料
- [ハマナカ パッケ] オレンジ(4) 100g
- [ハマナカ ジャンボニー] 黄(11) 55g

用具
- [ラブあみ] 長方形タイプ
- 編み針　とじ針

できあがりサイズ
幅27cm 高さ22cm

編み方
長方形 17ピン 平編みで、
[パッケ] 24cm
[ジャンボニー] 13cm
編みます。

この本で使われている毛糸

[ハマナカ アメリー]

[ハマナカ マナちゃんといっしょ!ララ]

※2本どりと1本どりで編みます。

[ハマナカ ジャンボニー]

[ハマナカ オフコース!ビッグ]

[ハマナカ ボニー]

[ハマナカ パッケ]

[ハマナカ ソノモノスラブ] 超極太

すぐできる！
ニット＆ビーズのブレスレット

ビーズが入っている
かわいいブレスレットです。
長く編めば、チョーカーにも！

ニット＆ビーズの ブルーのブレスレット の作り方

できあがりサイズ
長さ17.5cm

材料
[ハマナカ アメリー]
ブルー(11)適量
白(20)適量
ビーズ直径0.6cm 透明6個

用具
[ラブあみ]正方形タイプ
編み針　とじ針　ボンド

1 糸をかけます。

1　毛糸の先をボンドで固めて、ビーズを通します。

2　6個通します。

3　真ん中に白2本、ブルー1本の糸端を通します。

4　白(2本)を縦に8の字にかけます。

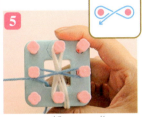
5　ブルーを横に8の字にかけます。

6　白を8の字にかけます。

2 編みます。

1　白の2本(4本)かかっている下の糸を、編み針でピンの向こう側に持っていきます。

2　編んだ糸を引っぱります。

3　反対側の白のピンを編み、編んだ糸を引っぱります。次にブルーの糸をかけ、編みます。

4　交互に2.5cm編み、ブルーの糸のときに、ビーズを入れて編みます。

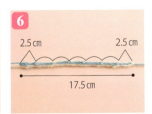
5　編んだ糸を引っぱり、ビーズを真ん中の横にくるようにします。

6
2.5cm　　　2.5cm
17.5cm
2.5cmごとにビーズをブルーの糸に入れ、2.5cm編み、編み終わりの始末をして、糸を切ります。

7　端の糸を根元でひと結びし、16cmに切りそろえ、リボン結びして、できあがり。

他のブレスレットの材料

共通：[ハマナカ アメリー]
白(20)適量
直径0.6cmビーズ
透明6個

ピンク：[ハマナカ アメリー]
ピンク(7)適量

黄：[ハマナカ アメリー]
黄(25)適量

はじめて作るバッグ！
まっすぐポシェット

途中で色を変えてまっすぐ編むだけのカンタンポシェットです！

大きなポシェット

小さなポシェット

中くらいのポシェット

小さなポシェット・大きなポシェットの作り方 ●●● P.53

中くらいのポシェットの作り方

できあがりサイズ
幅21cm 長さ16cm

材料
[ハマナカ パッケ]
紫(5) 70g
[ハマナカ オフコース!ビッグ]
紺(119) 20g

用具
[ラブあみ] 長方形タイプ
編み針　とじ針

1 バッグを作ります。

長方形13ピン平編みで、紫で30cm編み、紺で10cm編みます。(詳しい編み方はP.21-23)

紫部分を2つ折りして、両脇を巻きかがりで縫い合わせます。

基本の三つ編みの仕方

2 ひもを作ります。

表に返します。

紺の糸150cm(作りたい長さの1.5倍)6本をひと結びし、机にセロハンテープでとめます。

2本ずつ手に取り、右側を真ん中に持ってきます。

左側を真ん中に持ってきます。

2、3をくり返します。

100cm編み、ひと結びします。

3 ひもをつけます。

バッグの両脇の内側に、別糸で縫いつけます。

できあがりです。

好きなものを入れて、おでかけしましょう!

イニシャル入りのクッション

イニシャルは刺しゅう！
カンタンにできます。
お友だちにプレゼントしても！

ポンポンクッション

作り方　P.60

タッセルクッション

作り方 ●●● P.61

綿を少なくすれば座布団にもなりますね。

ポンポンクッションの作り方

P.58

できあがりサイズ
28cm角

材料
[ハマナカ ジャンボニー]
エメラルドグリーン（32）180g
ブルー（14）100g
紺（16）適量
化繊綿 適量

用具
[ラブあみ]
長方形タイプ

ポンポンメイク（大）
編み針　とじ針

1 クッションを作ります。

1
長方形17ピン平編みで、30cmを2枚編みます。

2
刺しゅうをします。裏から針を出し、刺しゅうする糸の流れと同じように横に針を刺します。

3
元の位置に戻して、針を刺します。1目刺しゅうができました。

4
編み図の通りに、1目ずつ刺しゅうします。

5
刺しゅうができました。

6
2枚合わせて、巻きかがりで縫い合わせます。

7
10cmあけて、1周します。

8
綿を入れます。

9
巻きかがりでとじて、クッションのできあがりです。

2 ポンポンを作ります。

1
ポンポンメイク（大）で70回巻き、直径7cmのポンポンを作ります。4個作ります。（詳しい作り方はP.24）

2
ポンポンの糸にとじ針をつけ、クッションの角に通します。

3
もう片方の糸で結びます。

4
糸に針をつけ、ポンポンに通して切ります。

5
4ヶ所につけて、できあがりです。

P.59

タッセルクッションの作り方

できあがりサイズ
28cm角

材料
[ハマナカ ジャンボニー]
濃いピンク(8) 180g
白(31) 20g
化繊綿 適量

用具
[ラブあみ]
長方形タイプ
編み針　とじ針

1 クッションを作ります。

1　長方形 17ピン 平編みで、30cmを2枚編みます。

2　刺しゅうをします。（詳しい刺しゅうの仕方はP.60）

3　2枚を合わせて綿を入れ、巻きかがりで縫い合わせます。

2 タッセルを作ります。

1　25cmの糸をピンク、白各3本ずつを2つ折りし、クッションの角から編み針で引き出します。

2　6本の中心が、角にくるように2つ折りし、上から1.5cmのところを結びます。

3　結んだ糸を、タッセルの中に入れます。

4　結び目から7cmのところを切りそろえます。

5　4ヶ所につけて、できあがりです。

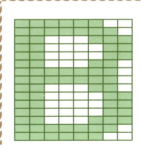
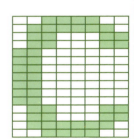

イニシャルの図案

※MAVWXは9目15段、それ以外は8目15段

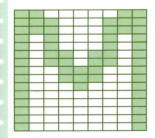
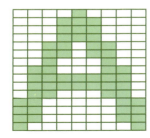

イニシャルの図案

※ＭＡＶＷＸは9目15段、それ以外は8目15段

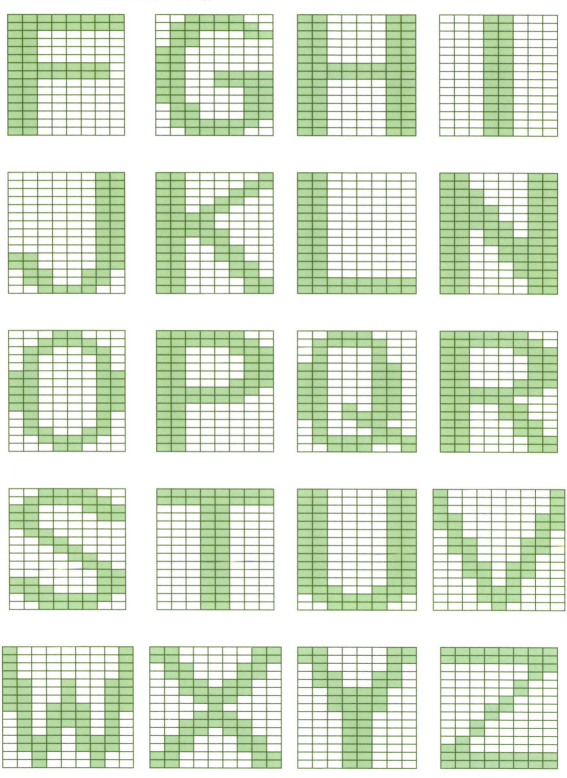

62

基本の正方形（8ピン）リリアン輪編みの編み方

1 糸をかけます。

① 真ん中に糸端を入れます。

② 1つおきに糸をかけます。

③ ぐるっと1周します。
8ピン かけます。

2 編みます。

① はじめに糸をかけたピン（★）を編みます。下の糸を編み針で取ります。

② そのまま、下の糸をピンの向こう側に持っていきます。

③ ピンからはずし、1目編めました。

④ 次のピンは糸が1本なので編みません。その次の2本かかっているピンを編みます。

⑤ 2本かかっているピンだけ編んで1周します。

⑥ 次の段からは全部のピンを編みます。時々、はじめの糸を引っぱります。

⑦ 編んだら、糸を25cm残して切ります。

3 編み終わりの始末をします。

① とじ針に糸を通します。

② はじめのピンにかかっている糸の下から上に針を入れます。

③ 次の糸も下からとじ針を入れ、1周します。

④ ピンから糸をはずします。

⑤ 糸端を引っぱります。

⑥ 編めました。

■ 著者プロフィール ■

寺西 恵里子　てらにし えりこ

（株）サンリオに勤務し、子ども向けの商品の企画デザインを担当。退社後も"HAPPINESS FOR KIDS"をテーマに手芸、料理、工作を中心に手作りのある生活を幅広くプロデュース。その創作活動の場は、実用書、女性誌、子ども雑誌、テレビと多方面に広がり、手作りを提案する著作物は550冊を超え、ギネス申請中。

寺西恵里子の本

『子どもの手芸 かわいいラブあみ』『かぎ針で編む 猫のあみぐるみ』（小社刊）
『楽しいハロウィン コスチューム＆グッズ』（辰巳出版）
『0・1・2歳のあそびと環境』（フレーベル館）
『365日子どもが夢中になるあそび』（祥伝社）
『3歳からのお手伝い』（河出書房新社）
『猫モチーフのかわいいアクセサリーとこもの』（ブティック社）
『きれい色糸のかぎ針あみモチーフ小物』（主婦の友社）
『はじめての編み物 全4巻』（汐文社）
『30分でできる! かわいいうで編み＆ゆび編み』（PHP研究所）
『チラシで作るバスケット』（NHK出版）
『かんたん手芸5 毛糸で作ろう』（小峰書店）
『リラックマのあみぐるみ with サンエックスの人気キャラ』（主婦と生活社）
『ハンドメイドレクで元気! 手づくり雑貨』（朝日新聞出版）

■ 協賛メーカー ■

●ラブあみ提供●
株式会社アガツマ
〒111-8524　東京都台東区浅草橋3-19-4　TEL/03(5820)1171(代)
コーポレートサイト　www.agatsuma.co.jp
「デザコレ」シリーズ スペシャルサイト　http://www.agatsuma-girl.jp/

●糸提供●
ハマナカ株式会社
京都本社
〒616-8585　京都市右京区花園薮ノ下町2番地の3　TEL/075(463)5151(代)　FAX/075(463)5159
ハマナカコーポレートサイト　www.hamanaka.co.jp　e-mailアドレス　info@hamanaka.co.jp
手編みと手芸の情報サイト「あむゆーず」　www.amuuse.jp

■ スタッフ ■

撮影　　　奥谷 仁
デザイン　ネクサスデザイン
作品制作　奈良 縁里　森 留美子　関 亜紀子　小籠包 有次　斎藤 由美子　齊藤 人睦
校閲　　　校正舎楷の木
進行　　　鏑木 香緒里

ひとりでできる！　For Kids!!
子どもの手芸　ここまでできる！すご～いラブあみ

平成28年12月1日 初版第1刷発行

著者　●　寺西 恵里子
発行者　●　穂谷 竹俊
発行所　●　株式会社 日東書院本社　〒160-0022　東京都新宿区新宿2丁目15番14号 辰巳ビル
TEL　●　03-5360-7522　（代表）　FAX　●　03-5360-8951　（販売部）
振替　●　00180-0-705733　URL　●　http://www.TG-NET.co.jp
印刷　●　大日本印刷株式会社　製本　●　株式会社セイコーバインダリー

本書の無断複写複製（コピー）は、著作権法上での例外を除き、著作者、出版社の権利侵害となります。
乱丁・落丁はお取り替えいたします。小社販売部までご連絡ください。

© Eriko Teranishi 2016, Printed in Japan　ISBN 978-4-528-02142-6　C2077